猫の手もかりたい多忙な毎日に捧ぐ！

マッハ快速タイパめし

100品

ほりえさちこ

主婦の友社

時は夕刻。

仕事から、育児から
「やっと解放されたぁ〜!」と思いきや。
光のごとくやってくる「ごはんの時間」。
ただでさえストレスフルな一日を駆け抜けたのに、
まだミッションが残っているなんて!
そんなユウウツなあなたがつい漏らした
「あぁ、猫の手もかりたい」の声。

むむむ!

聞き逃しませんよ!
拙者、猫侍がお助け参上!
台所をちょいと失礼。
フライパンに、なべに、ポリ袋、
これさえあればダイジョウブ!

あ!

ポリ袋は
加熱用も準備してオクレ!

あとは拙者におまかせアレ。

レシピのとおり材料を入れて、
焼くなり煮るなりするだけサッ。
フライパンの中で肉の下ごしらえをするもんだから、
ボウルがいらなかったり
野菜や肉は手やはさみでちょんぎっちまって、
包丁やまな板を使わなかったり。
でき上がったと思えばフライパンやなべごと
ドーンと出せるものや、一度に2品できちゃうものとか。
疲れたおぬしをとことん楽にさせるレシピをそろえたのサッ。

おぬしよりうんと小さく
まあるい拙者の手を、
今日ばかりはお貸ししてもよくッテヨ！
あ、ちなみに料理名は拙者がつけたのサ。
へんてこなものもあるけれど、いいってことヨ。

虎の巻
〜必須！調理器具〜

フライパン

口径26cm、フッ素樹脂加工のものを使用。基本的にフランパンで調理するレシピのほとんどがこの中で肉の下味をつけたり、こねたり、生地をまぜたりする。クッキングシートを敷いて加熱をするレシピもあるが、必ずフライパン専用のものや対応しているものを使うようにしよう。大きさを調整できる場合、フライパン内に収まるように切って使ってくれタマエ。疲れていても、安全には配慮してオクレ。

なべ

口径25〜26cm、厚手のものが好ましい。本書では材料をすべて入れて煮る、あるいは湯せんするレシピに登場する。湯せんの場合は加熱用ポリ袋に材料を入れるが、なべ底に袋があたらぬよう耐熱の皿を敷くようにしよう。

ポリ袋

加熱用、非加熱用2種類を用意。湯せんや電子レンジで加熱するレシピに対しては、必ず加熱用を使うようにしよう。また電子レンジ、湯せんの指定や材料を加えるタイミングは必ずレシピどおりにしてオクレ。袋の上からもんだりたたいたりすることがあるので、なるべく破れにくい厚手のものを選ぶのがおすすめだヨ。

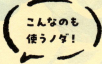

こんなのも使うノダ！

卵焼き器

こちらもフッ素樹脂加工のものがおすすめ。今回は「卵焼き器」の枠を超えたおかずに挑戦しているのサッ。それはレシピを見てからのお楽しみサッ。

目次

虎の巻〜必須！調理器具〜 … 4
本書のこころえ … 10

壱の巻

フライパンで
マッハ快速タイパめし

ロールしないよキャベツ … 12
トリなのにギュウギュウ焼き … 14
はじっこやさいのなんでも蒸ししゃぶ … 16
とろチーみるふぃ〜ゆ … 18
ざっくりピリ辛ちゃんちゃん … 20
サーモンパッツァ … 22
おおざっぱタッカルビ … 24
棒からはじまるミートボール … 26
アラ・フシギ・マーボー … 28
まるごとトマトのざっくりラタトゥイユ … 30
アニョン！ コチュマヨチキン … 32
カリムチ豚キムチヂミ … 34
ゆびまでオイシー！ 甘ごまチキン … 36
チキンアレアレ酢豚 … 38
バレないヤンコマ … 40
わっかシューマイ … 42
トマチュナミニピッツァ … 43
チクタクビビンバ … 44
ミニチャプチェ … 45
もやしでいいのだハンバーグドリア … 46

ごはん de ピッツァ … 48
濃厚すぎるトマジュークリームスパ … 52
チョップドナスのミートソース … 53
ピリつくツナキャベペペロン … 56
きのこで Oh！ボンゴレ・ビアンコ！ … 57
ザザザシーフード焼きそば … 60
あちちちかたやきうま焼きそば … 61
背徳のミソバタ焼きうどん … 64
メンタイクリームモドキウドン … 65

ハーフ＆ハーフ フクサイ

ヨーデルむしナス ＆ うっかりタネまでピーマン … 66
パワフルポパイソテー ＆ もっさりすごもりエッグ … 67
クリスピー・エノキ ＆ チクチクチクチー棒 … 68

キッチュなうずらココット … 69
ぎょぎょぎょスティック卵巻き … 69
ぱったん卵 … 70

卵焼き器でできるマッハ快速！タイパ卵おかず

弐の巻

なべで
マッハ快速タイパめし

ドリームカムトゥルー オムチーマーセット … 72
ゴロンゴロンシイタケシューマイ定食 … 74
トリのいいとこドリ！キン肉定食 … 76
お揚げによるプチアゲ♪定食 … 78
メキシカン・ウカレセット … 80

むしチャイナ！ホイコーローヘルシー定食 … 82
ヘルメットレタス・アルティメット蒸し
〜ピリ辛ごまだれをかけて〜 … 84
4等分すぎるポトフ … 86
鮭のさわやか蒸し & かぶのこじゃれチーズがけ … 88
忙しくってもケンチャナヨ！ノリはカムジャタン … 90
うっかりハイセンス ミートマ煮込み … 92
ホットホット！スパイシーッテバ野菜 … 94
日本一テキトーチャーシュー with D … 96

参の巻

ポリ袋で
マッハ快速タイパめし

もみもみしょうが焼き … 100
アゲヘンタツタ … 102
つけたらつけたブンだけウマイ鶏 … 104
キブンはアロハ！なステーキ … 106
シットリ美人ドリ … 108
カジキのどすえ焼き … 110
ぶりぶりてりふわ焼き … 112
づけづけサーモン コチュユッケドン … 114
チョキチョキトリだんご … 116
にゅるりんとうふ焼き … 118
ゴーゴー！レンコンギョーザ … 120
ワイルドペタンコハンバーグステーキ … 122
ボイルド・ガパオ … 126 ／ボイルド・ハヤシ … 127
ボイルド・オヤコ … 128 ／たたいて発散メンキュー … 129

没頭するチギルナスビ … 130
ごりっぱアンチョビキャベツ … 132
カクカクコンソメポテト … 134
バリバリたねあり肉みそピーマン … 136
らんぼうポテサラ … 138
えびブロガリバタ … 140
マグロズズズ小鉢 … 142
スマッシュとろろグラタン … 144
Miracle! チーズ Oh! YAKI! … 146
ツナのリエット、なんちゃって！… 148

冷凍野菜でマッハ快速！タイパ ベントーおかず

カラフルツナマヨ … 149
ポキポキいんげんのスリスリあえ … 149
ピンチョス・チーズマメ … 149
ホーチウインナ … 149

14時45分からはじめる マッハ快速タイパスイーツ

ピンキー・ベリー・トキメキしらたま … 150
バキバキロックチョコ … 152
ちかみちたまごむしパン／ちかみちフォンダンショコラ … 154
ほうじ茶かたくりわらび／まるごとミキャン大福 … 155
ザクットチョコパン／うずまきみみラスク … 157
ねりねりきなこアメ … 158
ほろしゅわ1分クッキー … 159

本書のこころえ

ありがたき猫侍のお言葉入り
料理作りがちょっと楽しくなる、猫侍のへんてこ小話を収録。まじめにお料理の話をしていることもあれば、カンケーのないクスッと笑えるおしゃべりも。

調理時間が一目瞭然
大体が20分以内でできるレシピ。時間がない日はより短時間でできるものをセレクトして作っても！
※つけ時間は含みません。

目で見てわかる作り方
視覚的に作り方がわかるような、プロセスカット入り。おおまかな工程をシンプルに見える化したため、まるで動画を見るような感覚でレシピを追える。

- フライパンは原則としてフッ素樹脂加工のものを使用しています。
- 1カップは200ml、小さじ1は5ml、大さじ1は15mlです。
- 火かげんは、特に指定がないかぎり、中火で調理しています。
- 野菜類は、特に指定がない場合は、洗う、皮をむくなどの作業をすませてからの手順を説明しています。
- 調味料は、特に指定がない場合は、しょうゆは濃口しょうゆ、砂糖は上白糖、小麦粉は薄力粉を使用しています。
- 顆粒スープはコンソメなど洋風スープのもとを、鶏ガラスープのもとは中華スープのもとを使用しています。
- 電子レンジの加熱時間は600Wで使用した場合の目安です。500Wの場合は加熱時間を約1.2倍にしてください。
- 電子レンジやオーブントースターは機種によって加熱時間に多少差がありますので、様子をみてかげんしてください。

壱の巻

フライパンで マッハ快速 タイパめし

刻一刻と近づいてくる夕飯の時間に、
「ひいっ」と恐れおののくそこのアナタ。
ダイジョウブ、拙者におまかせあれ！　お助け申す！
さぁフライパンを１つ用意してオクレ。
野菜たっぷりの煮物や蒸し物、ギョーザにミートボールだって
チョチョイのチョイサッ！

肉も野菜もキッチンばさみでチョキチョキ、
ときには手でちぎって加えちまうから、まな板や包丁は
ほぼご無用！　たねをこねるのも下味をつけるのだって、
ぜーんぶフライパンの中でやっちまって、ボウルさえいらないヨ。

気がつけば洗い物はフライパンとフライ返しや木べらだけ。
どうだい？　楽チンなのに、うんと豪華なおかずができ上がるダロウ。
ユウウツな夕飯づくりもすっかりごキゲンサッ！

壱の巻 フライパンでマッハ快速タイパめし

ロールしないよキャベツ

ちぎって重ねてのシンプルレシピ。ナツメグさえ入れてくれりゃあ、本格的な味わいになるのサッ

くるくるはご無用！

20分で完成！

材料（口径26cmのフライパン1個分）

キャベツ…1/2個（約500g）

A
- 合いびき肉…250g
- 塩、こしょう、ナツメグ…各少々
- 玉ねぎのみじん切り…1/2個分
- 卵…1個

顆粒スープ…小さじ2

作り方

1 フライパンに**A**をすべて入れてまぜる。キャベツは葉を2、3枚とり、残りはちぎる。

2

1の肉だねを端に寄せる。ちぎったキャベツ、肉だねの順にそれぞれ1/3量を広げ入れる。同様に2回繰り返したら、とっておいたキャベツの葉をかぶせる。

3

顆粒スープと水1.5カップを加えてふたをし、15分煮る。塩適量（分量外）を振って味をととのえる。キッチンばさみで食べやすい大きさに切る。

壱の巻 フライパンでマッハ快速タイパめし

トリなのに

ギュウギュウ焼き

15分で完成！

材料（口径26cmのフライパン1個分）

鶏もも肉…大1枚
A
　にんにくのすりおろし…1かけ分
　酒、しょうゆ…各大さじ1
　塩、こしょう…各少々
　ごま油…大さじ1/2
しめじ…1パック（100g）
エリンギ…1パック
パプリカ…1個
鶏ガラスープのもと…小さじ1
あらびき黒こしょう…適量

作り方

① しめじは小房に分け、エリンギは縦に裂く。パプリカはキッチンばさみで縦に細切りにする。

② 鶏肉はキッチンばさみで一口大にカットしながらフライパンに入れる。**A**を加えてもみ込み、**1**をすき間に詰める。鶏ガラスープのもとを加えたらふたをし、10分加熱する。まぜてこしょうを振り、あればパセリを散らす。

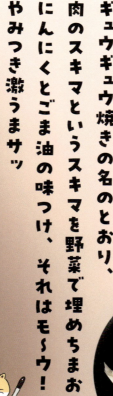

ギュウギュウ焼きの名のとおり、肉のスキマというスキマを野菜で埋めちまおう。にんにくとごま油の味つけ、それはモ〜ウ！やみつき激うまサッ

壱の巻 フライパンでマッハ快速タイパめし

はじっこやさいの

さてさて野菜室と緊急会議。
あるものなんでもいいサ。
そろそろ使ってやらなきゃならんものを
敷きつめてオクレ！

材料（口径26cmのフライパン1個分）

豚ロースしゃぶしゃぶ用肉…250g
白菜…1/8個（250g）
もやし…1袋（200g）
かぼちゃ…1/2個（100g）
ポン酢しょうゆ…適量

作り方

① かぼちゃは皮ごと7〜8mm厚さのくし形切りにし、白菜はざっくりとちぎる。

② フライパンにもやし、白菜の順に入れ、豚肉を広げ入れる。かぼちゃをのせたら水2/3カップを注ぎ入れ、ふたをし10分蒸す。ポン酢しょうゆを添える。

15分で完成！

なんでも蒸ししゃぶ

壱の巻 フライパンでマッハ快速タイパめし

材料（口径26cmのフライパン1個分）

- 白菜…1/4個
- 豚バラ薄切り肉…250g
- **A**
  - 鶏ガラスープのもと…小さじ2
  - 酒…大さじ2
  - 塩…小さじ1/2
  - 水…2カップ
- カマンベールチーズ…1個

作り方

1. 白菜は縦半分にし、葉と葉の間に豚肉をはさむ。もう半分も同様にする。**A**はまぜる。

2. フライパンに**1**の白菜を入れてチーズを中心におく。**A**を回し入れ、ふたをしくたっとするまで12〜15分煮る。キッチンばさみで食べやすく切り、あらびき黒こしょう適量（分量外）を振る。

とろっとろの白菜に、じんわりしみ入る豚バラのうまみ、極めつけにまるごとカマンベールチーズ！まぶしすぎる一品だっ！くっ！

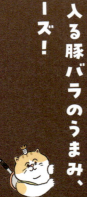

とろチー

みるふぃ〜ゆ

20分で完成!

壱の巻
フライパンでマッハ快速タイパめし

ざっくり

ピリ辛みそにバターをひとかけら！
ああ見える北の大地！
キャベツはちぎちぎ、
ピーマンはキッチンばさみで
チョキン！ まな板いらずサ！

材料（口径26cmのフライパン1個分）

甘塩鮭…2切れ
キャベツ…1/6個（200g）
もやし…1袋（200g）
ピーマン…2個
A┃にんにくのすりおろし
　┃　…1かけ分
　┃酒、みそ…各大さじ1
　┃豆板醤…小さじ1
　┃水…大さじ3
バター…1かけ（約8g）
あらびき黒こしょう…適量

作り方

1 フライパンにもやし、ちぎったキャベツ、ピーマンをキッチンばさみで乱切りにしながら入れ、鮭をのせる。

2 Aを加えてふたをし、7～8分蒸し焼きにする。バターをのせ、こしょうを振る。

12分で完成！

ピリ辛ちゃんちゃん

サーモンパッツァ

12分で完成!

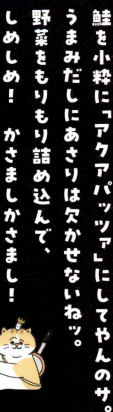

鮭を小粋に「アクアパッツァ」にしてやんのサ。うまみだしにあさりは欠かせないねッ。野菜をもりもり詰め込んで、しめしめ！ かさましかさまし！

材料（口径26cmのフライパン1個分）

- あさり（砂出し済みのもの）…150g
- 甘塩鮭…2切れ
- キャベツ…1/5個（250g）
- ミニトマト…8個
- 玉ねぎの薄切り…1/2個分
- にんにくの薄切り…1かけ分
- A　顆粒スープ…小さじ1
　　 酒…大さじ2
- オリーブ油…大さじ1
- あらびき黒こしょう…適量

作り方

① フライパンにオリーブ油とにんにくを入れて弱火で熱する。香りが立ったら玉ねぎとキャベツをちぎりながら加え、食べやすく切った鮭とあさりをのせる。

② Aと水大さじ3を加えてふたをし6分蒸す。ミニトマトを加えてさらに1～2分加熱し、塩適量（分量外）を加えて味をととのえる。こしょうを振る。

おおざっぱ タッカルビ

15分で完成！

材料（口径26cmのフライパン1個分）

鶏もも肉…1枚
A
- 市販の焼き肉のたれ…大さじ4
- コチュジャン…大さじ1
- 塩、こしょう…各適量

キャベツ…1/4個（300g）
ねぎ…1本
ピーマン…2個
ピザ用チーズ…適量

作り方

1. 鶏肉はキッチンばさみで一口大に切りながらフライパンに入れる。Aを加えてもみ込む。キャベツはちぎり、ねぎは3〜4cm厚さの斜め切り、ピーマンは乱切りにそれぞれキッチンばさみで切りながら加える。

2. 水大さじ4を加えてふたをし弱めの中火で8分蒸す。ときどきかきまぜながら全体に火が通ってきたらチーズを加えてふたをし、チーズがとけるまで加熱する。

キッチンばさみでじょきりじょきり！
ピーマンもねぎも肉までじょきりサッ。
チーズをたっぷり入れたら、
家族がよろこぶごちそうのでき上がり

25

棒からはじまるミートボール

すべてはひき肉をつくねることからはじまった、それもぜ〜んぶいっぺんに入れて。気がつけば、フライパンしか使っていなかったんダ…

材料（口径26cmのフライパン1個分）

合いびき肉…250g

A
- 玉ねぎのみじん切り…1/4個分
- 卵…1個
- 塩、こしょう…各少々
- パン粉…大さじ4

B
- トマトケチャップ…大さじ4
- 中濃ソース…大さじ2
- はちみつ…小さじ1
- 水…1カップ

18分で完成！

作り方

1 フライパンに合いびき肉とAをまぜ合わせたら半量ずつにし、フライパンの大きさに合わせて棒状に形をととのえる。

2 Bを加えて熱し、ときどき煮汁をかけながら4〜5分煮る。キッチンばさみで一口大に切り、ときどき混ぜながら煮汁がとろっとしたら火を止める。

壱の巻
フライパンでマッハ快速タイパめし

アラ・フシギ・マーボー

材料に水どきかたくり粉がない！
焦らないで聞いてくれ、
かたくり粉は
ねぎにまぶしちまったんだ。
トーフも切らないなんて、
今までのマーボーはいったい

材料（口径26cmのフライパン1個分）

絹ごしどうふ…1丁
豚ひき肉…120g
ねぎのみじん切り…1/3本分
A　にんにくのすりおろし、
　　しょうがのすりおろし
　　　…各1かけ分
　　しょうゆ…大さじ1
　　砂糖…小さじ2
　　みそ、豆板醤…各小さじ1
　　水…1カップ
かたくり粉…大さじ1/2
細ねぎの小口切り…適量

作り方

1 フライパンにひき肉、ねぎの半量、**A**を入れてまぜ合わせる。とうふを切らずに中央にのせる。

2 フライパンを熱し、ふたをし4〜5分煮る。とうふを食べやすい大きさにくずし、肉もほぐす。

3 残りのねぎにかたくり粉をまぶして加え、木べらで全体をざっくりまぜる。とろみが出たら器に盛り、細ねぎを散らす。

15分で完成！

壱の巻
フライパンでマッハ快速タイパめし

15分で
完成!

まるごとトマトのざっくりラタトゥイユ

トマトを切ったあとのまな板にがっかりする日々とはおさらば！
まるごとまんなかに入れてつぶせば、あ〜らすっきり簡単

材料（口径26cmのフライパン1個分）

- 鶏もも肉…1枚
- 塩…小さじ1/2
- こしょう…少々
- トマト…大1個
- A
  - なす…2個
  - パプリカ（黄）…1個
  - 玉ねぎ…1/2個
  - にんにくのすりおろし…1かけ分
- B
  - 白ワイン（なければ酒）…大さじ2
  - 顆粒スープ…大さじ1/2
  - はちみつ…小さじ1
- オリーブ油…大さじ1
- 塩、こしょう…各適量

作り方

1. 鶏肉はキッチンばさみで一口大に切りながらフライパンに入れ、塩、こしょうを振ってもみ込む。**A**はすべてざく切りにし加え、トマトはまるごと中央におく。

2. 1に**B**を加えオリーブ油を回しかけてふたをして熱し、全体があたたまってきたら弱火にして再びふたをし10分煮る。トマトをつぶしてまぜ、塩とこしょうで味をととのえる。

壱の巻 フライパンでマッハ快速タイパめし

アニョン！コチュマヨチキン

とことん韓国を意識しちゃってよくってヨ。もったりコチュマヨチキンをお好みの野菜でラップして。う〜ん、チンチャ・マシケッタ!!

材料（口径26cmのフライパン1個分）

鶏もも肉…1枚
塩、こしょう…各少々
マヨネーズ…大さじ1/2

まぜておく
A にんにくのすりおろし…1かけ分
　コチュジャン、しょうゆ、酒…各小さじ2
　砂糖、ごま油…各小さじ1

いり白ごま…適量

作り方

1 鶏肉はキッチンばさみで一口大に切りながらフライパンに入れる。塩とこしょうを振ってマヨネーズを加えてもみ込み、鶏肉どうしがくっつかないように並べ、両面6〜7分ずつ焼く。

2 Aを加えて全体にからめたら、ごまを振る。好みでレタスや青じそなどの葉物で包む。

10分で完成！

壱の巻
フライパンでマッハ快速タイパめし

カリムチ豚キムチヂミ

10分で完成!

ついにチヂミでさえボウルを使わない時代が来た！フライパンでぐるぐる、ちょちょいと具をのっけたらあとは焼くだけサ。外はカリッと中はムチムチなチヂミの完成ヨウ！

材料（口径26cmのフライパン1個分）

- 豚バラ薄切り肉…100g
- にら…1/2束
- **A**
  - 白菜キムチ…80g
  - 卵…1個
  - 小麦粉…50g
  - かたくり粉…30g
  - 塩…小さじ1/2
  - 水…大さじ4

作り方

1. フライパンにフライパン用クッキングシート※を敷き、**A**をすべて入れてまぜる。木べらなどで平らにし、にらをキッチンばさみで長めに切りながら加え、豚肉をのせる。

2. 1にふたをし弱めの強火で5分焼く。クッキングシートをはずして返し、さらに1〜2分焼く。キッチンばさみで食べやすい大きさに切る。

※クッキングシートは必ずフライパン用のものを使用し、長い場合は口径からはみ出さないよう端を切って使用してください。

壱の巻 フライパンでワッハ快速タイパめし

ゆびまでオイシー！甘ごまチキン

ちょいとお行儀が
ワルイんだけど…
ゆびについた
タレまで名残惜しい、
激うまチキンなんダ！
一緒に揚げる
れんこんだって
カリッとほくっと
サイコーさ！

材料（口径26cmのフライパン1個分）

- 鶏むね肉…1枚
- れんこん…1/2節（80g）
- 塩…少々
- かたくり粉…大さじ3
- A 酒、みりん、しょうゆ、砂糖、いり白ごま…各大さじ1.5
- サラダ油…大さじ2

作り方

1. 鶏肉はキッチンばさみでそぎ切りにしながらフライパンに入れ、塩と水大さじ1をもみ込む。れんこんは皮ごと7〜8mm厚さの半月切りにして加え、鶏肉とともに全体にかたくり粉をまぶす。

2. フライパンに油を回し入れ、鶏肉とれんこんを揚げ焼きにする。肉に焼き色がついたら余分な油をキッチンペーパーでふきとり、Aを加えて全体にからめる。

12分で完成！

壱の巻
フライパンでマッハ快速タイパめし

チキンアレアン酢豚

材料（口径26cmのフライパン1個分）

鶏むね肉…1枚
A ┃ 塩、こしょう…各少々
　 ┃ 酒…大さじ1
かたくり粉…大さじ1
サラダ油…適量
玉ねぎ…1/2個
ピーマン…3個
　（あればうち1個は赤）
B ┃ トマトケチャップ…大さじ4
　 ┃ 酢…小さじ2
　 ┃ 砂糖、しょうゆ…各小さじ1
　 ┃ 水…大さじ2

作り方

1
玉ねぎとピーマンはそれぞれ乱切りにする。鶏肉はキッチンばさみで一口大に切りながらフライパンに入れる。

2
鶏肉にAを振ってもみ込み、かたくり粉をまぶす。油をかるく回しかけて玉ねぎとピーマンを加え、ともに焼く。

12分で完成!

「アレ？ アレアレ？ 鶏肉なのに、名前は『酢豚』じゃないか！」と言われましても。
甘酢あんに玉ねぎ、ピーマンときたらそう呼んでやりたいダロウ？
これもこれですっごくアリだョ！

3 肉に火が通ったら、Bをすべて加えてからめる。

チキンかと思いきや、これは豚こまぎれ肉なのダ！ つまんだら最後！ カリッとしっとりな甘うまヤンニョムコマ肉、略して「ヤンコマ」の魅力にくぎづけサッ

材料（口径26cmのフライパン1個分）

豚こまぎれ肉…240g
塩、こしょう…各少々
かたくり粉…大さじ1

A｜ コチュジャン、酒…各大さじ1
　｜ トマトケチャップ、はちみつ
　｜ 　…各小さじ2
　｜ しょうゆ…小さじ1
　｜ にんにくのすりおろし…1かけ分

いり白ごま…適量
サラダ油…大さじ1

作り方

1. 豚肉はフライパンに入れて塩とこしょうを振って、かたくり粉をまぶす。Aはすべてまぜる。

2. フライパンに油を入れて熱し、カリッとするまで焼く。Aを加えて全体にからめ、ごまを振る。器に盛り、あればサニーレタスを添える。

壱の巻
フライパンでマッハ快速タイパめし

包む暇なんてありゃしない！
ねってわっかをつくって
皮をのせて、
ちょちょいのちょいっ。
弁当に
しのばせるのも
わるくないネ

わっかシューマイ

15分で完成！

材料（口径26cmのフライパン1個分）

市販のシューマイの皮
　…10〜11枚
豚ひき肉…200g
玉ねぎのみじん切り
　…1/4個分
A　オイスターソース、しょうゆ、砂糖、ごま油…各小さじ1
　しょうがのすりおろし…小さじ1
　かたくり粉…大さじ1

作り方

1. フライパンにひき肉、玉ねぎ、Aを入れてよくまぜる。リング状に成形し、皮を重ならないようにのせる。

2. 1を火にかけ、底がこんがりとしてきたら水2/3カップを加えてふたをし、水分がなくなるまで蒸し焼きにする。キッチンばさみで食べやすい大きさに切って、好みでしょうゆとからしを添える。

あまった皮で

トマチュナミニピッツァ

シューマイの皮がクリスピーなおつまみに！
こいつはお酒がすすんじゃうぜ！

材料（口径20cmのフライパン1個分）

市販のシューマイの皮…5〜6枚
ツナ缶（缶汁をきる）…大さじ2
トマトのざく切り…1/4個分
わさび…小さじ1/2
ピザ用チーズ…適量

作り方

1. 小さめのフライパンにフライパン用クッキングシートを敷いてシューマイの皮を敷き、わさびを塗る。ツナ、トマト、チーズをのせる。ふたをしチーズがとけるまで5分蒸し焼きにする。

材料（口径26cmのフライパン1個分）

牛こまぎれ肉…150g
市販の焼き肉のたれ
　　…大さじ4
にんじんの細切り
　　…大1/4本分（50g）
にら…1/2束（50g）
もやし…1/2袋（100g）
A ┃ にんにくのすりおろし
　 ┃ 　…1/2かけ分
　 ┃ 鶏ガラスープのもと
　 ┃ 　…小さじ1
　 ┃ いり白ごま…小さじ2
卵…1個
あたたかいごはん
　　…茶わん2杯分（300g）
ごま油…大さじ1

作り方

1 フライパンに牛肉を入れて焼き肉のたれを加えてもみ込み、1/4のスペースに寄せる。残りのスペースを3等分し、にんじん、もやしを加え、にらはキッチンばさみで切りながら加える。ごま油をかける。

2 ふたをし弱めの中火で5分蒸したら肉をまぜ、全体に火が通ったら火を止めて野菜にAを加えてまぜる。にんじんともやしをまぜてスペースをつくり、ごはんを加えたら中央に卵を割り落とす。ふたをして再び加熱し、卵が好みのかたさになったらまぜて焼きつける。好みでコチュジャンを添える。

フライパンを時計に見立てよう！15分ずつ具をかえて詰め込んだらひと蒸しサッ。あとはごはんを詰めて卵をお好みのかたさまで加熱して。おこげができるまでがじれったいのよぉ！

つるつる！ うまから！
ワン・卵焼き器調理で超気軽！

ミニチャプチェ

材料（卵焼き器1個分）

牛こまぎれ肉…60g
市販の焼き肉のたれ…大さじ2
豆板醤…小さじ1/2
春雨（小分けタイプのもの）…40g
にんじんの細切り…1/12本分（15g）
にら…1/6束（15g）

作り方

1 卵焼き器に牛肉を入れ、焼き肉のたれと豆板醤を加えてまぜる。

2 残りの材料と水2/3カップを加えてアルミホイルでふたをし、5分煮る。アルミホイルをとり、よくまぜる。

壱の巻
フライパンでマッハ快速タイパめし

もやしでいいのだ ハンバーグドリア

難しいこととはおさらばサッ。
もやしのうまみに頼る、以上！
ひき肉にどっさり入れてもみもみバリバリ！
ホットプレートに規模拡大もよし

材料 口径26cmのフライパン1個分

合いびき肉…200g
もやし…1袋（200g）

A
- 塩…小さじ1/3
- こしょう…少々
- 卵…1個
- パン粉…大さじ3

あたたかいごはん…200g

B
- トマトケチャップ…大さじ2
- 中濃ソース…大さじ1
- 水…2/3カップ

ピザ用チーズ…適量

作り方

1 フライパンに合いびき肉、もやし、**A**を入れてよくまぜる。リング状に成形し、2分焼く。**B**はまぜる。

15分で完成！

2

Bを加えてふたをし4〜5分蒸し焼きにする。ふたをあけ、穴にごはんを加えてチーズをのせ、再びふたをし蒸し焼きにする。チーズがとけたら、好みでパセリを振る。

壱の巻
フライパンでマッハ快速タイパめし

ごはんdeピッツァ

48

お茶わん2杯分のごはんだってのに、とんだボリュームに仕上がっちまった！胃袋ジマンは必食だ！

材料 （口径26cmのフライパン1個分）

あたたかいごはん…茶わん2杯分（300g）
卵…2個
ピーマン…1個
ベーコン…1枚
ホールコーン缶（缶汁をきる）…大さじ3
しょうゆ…小さじ2
ピザ用チーズ…適量
バター…10g
塩、あらびき黒こしょう…各適量

作り方

1 ピーマンは輪切りにし、ベーコンは8mm幅に切る。ごはんに卵としょうゆをまぜる。

2 フライパンにバターを熱し1のごはんを広げて平らにし、チーズをのせる。ピーマン、ベーコン、コーンをまんべんなく散らしてふたをし6分蒸し焼きにする。ごはんが固まってチーズがとけたら火を止め、塩とこしょうを振る。トマトケチャップ適量（分量外）をかける。

12分で完成！

壱の巻
フライパンでマッハ快速タイパめし

パン・デ・パスタ vol. 01

濃厚すぎるトマジュークリームスパ

10分で完成！

パン・デ・パスタ vol. 02

チョップドナスの
ミートソース

10分で完成！

壱の巻 フライパンでマッハ快速タイパめし

パン・デ・パスタ vol.01

濃厚すぎる トマジュークリームスパ

まるでじっくり煮たかのような
ソースの味わい。
むむ！ トマトジュースで
煮込んでいるではないか！
この深み、ここにあり！

材料（口径26cmのフライパン1個分）

スパゲッティ（4分ゆで）…200g
玉ねぎの薄切り…1/2個分
ベーコン…2枚
A
　市販のトマトジュース
　　…1.5カップ
　顆粒スープ…小さじ2
　にんにくのすりおろし
　　…1かけ分
　塩…小さじ1/3
生クリーム…1/2カップ
塩、こしょう…各適量

作り方

1 フライパンに水1.5カップと玉ねぎを入れ、ベーコンをキッチンばさみで細切りにしながら加える。Aを加えて熱し、ふつふつとしたらスパゲッティを半分に折りながら加える。ふたをしてときどきまぜながら6分煮る。

2 生クリームを加えてまぜ、塩とこしょうで味をととのえる。あればパセリを散らす。

パン・デ・パスタ vol.02

チョップドナスのミートソース

ケチャップを加えて
トマト度アップ！
なすもキッチンばさみで
ちょきんちょきん！
あっという間にできちゃった

材料（口径26cmのフライパン1個分）

- スパゲッティ（4分ゆで）…200g
- なす…2個
- 合いびき肉…150g
- A
  - にんにくのすりおろし…1かけ分
  - 市販のトマトジュース…1.5カップ
  - 顆粒スープ…小さじ2
  - トマトケチャップ…大さじ3
  - 砂糖…大さじ1/2
- オリーブ油…大さじ1
- 塩、こしょう、粉チーズ…各適量

作り方

1. フライパンにオリーブ油を熱し、なすをキッチンばさみで乱切りにしながら加えてさっといためる。油が回ったらひき肉を加えていため、**A**と水1.5カップを加えて熱する。

2. ふつふつとしたらスパゲッティを半分に折りながら加えてふたをし、ときどきまぜながら6〜7分煮る。塩とこしょうで味をととのえる。粉チーズを振る。

53

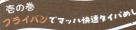

壱の巻
フライパンでマッハ快速タイパめし

パン・デ・パスタ vol.03

ピリつくツナキャベペペロン

10分で完成！

パン・デ・パスタ vol. 04

きのこでOh！ボンゴレ・ビアンコ！

10分で完成！

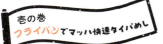

パン・デ・パスタ vol.03

ピリつく ツナキャベペペロン

ツナのうまみ、キャベツの甘み、そこにピリつく赤とうがらし！ノドにひりりとしみちまうけどやみつきなのサッ！

材料（口径26cmのフライパン1個分）

スパゲッティ（4分ゆで）…200g
キャベツ…1/6個（180g）
ツナ缶…1缶（70g）
にんにく…1かけ
赤とうがらし…1本
A 鶏ガラスープのもと…小さじ2
　塩…小さじ1/2
塩、あらびき黒こしょう…各適量
オリーブ油…大さじ2

作り方

1. にんにくは包丁の腹でつぶし、赤とうがらしは種をとり除く。フライパンにオリーブ油、にんにく、赤とうがらしを入れて弱火で熱する。

2. 香りが立ったら水3カップとスパゲッティを半分に折りながら加える。キャベツをちぎりながら加えて**A**を加え、ツナを缶汁ごと加える。ふたをしときどきまぜながら6分煮る。塩とこしょうで味をととのえる。

パン・デ・パスタ vol.04

きのこでOh！ボンゴレ・ビアンコ！

あさりに、しめじとまいたけふたつもきのこを入れちゃって！隠し味にちょろりとしょうゆを加えたら、うまみにうまみの！Oh！ボンゴレ・ビアンコ！

材料（口径26cmのフライパン1個分）

スパゲッティ（4分ゆで）…200g
あさり（砂出し済みのもの）
　…150g
しめじ、まいたけ
　…各1パック（各100g）
にんにくの薄切り…1かけ分
赤とうがらし…1本
しょうゆ…小さじ2
オリーブ油…大さじ1
塩、あらびき黒こしょう…各適量

作り方

1. しめじは小房に分け、まいたけはほぐす。赤とうがらしは種をとり除く。フライパンにオリーブ油、にんにく、赤とうがらしを入れて弱火で熱する。

2. 香りが立ったら水3カップと塩小さじ1/2（分量外）、スパゲッティを半分に折りながら加える。あさりときのこを加えてふたをし、ときどきまぜながら6分煮る。しょうゆを回し入れ、塩とこしょうで味をととのえる。器に盛り、あればパセリを散らす。

壱の巻
フライパンでマッハ快速タイパめし

ザザザ シーフード焼きそば

10分で完成！

あちちかたやきうま焼きそば

15分で完成!

壱の巻
フライパンでマッハ快速タイパめし

ザザザ シーフード焼きそば

聞こえてくる波のオト。
おっと違った、
冷凍シーフードミックスを
入れるオトだ！
下準備はご無用、
ザザザと入れて使ってヨ

材料（口径26cmのフライパン1個分）

中華蒸しめん…2玉
冷凍シーフードミックス
　…150g
もやし…1/2袋（100g）
キャベツの葉…2枚分（80g）
A｜鶏ガラスープのもと
　　…大さじ1/2
　｜にんにくのすりおろし
　　…少々
塩、あらびき黒こしょう…適量

作り方

1 フライパンにもやしとキャベツをちぎりながら広げ入れ、めん、シーフードミックスを順に加える。Aと水小さじ2を加えたらふたをし熱する。

2 ふたがくもったら弱火にし5〜6分加熱する。全体をまぜ合わせて塩とこしょうで味をととのえる。好みでレモンを添える。

60

あちちち かたやきうま焼きそば

めんはカリカリ！
あんかけはあつあつ！
あわてて食べちゃう
はらぺこなそこのキミ、
やけどに注意してオクレよ

材料（口径26cmのフライパン1個分）

中華蒸しめん…2玉
豚こまぎれ肉…120g
もやし…1/2袋（100g）
小松菜…1/2束（100g）

A
- しょうゆ、みりん、かたくり粉 …各大さじ1
- 鶏ガラスープのもと、オイスターソース…各小さじ1
- 水…1.5カップ

ごま油…大さじ4

作り方

1 フライパンにめん1玉と水少々を入れてふたをし、熱する。ほぐしながら薄く広げ、なべ肌に沿うようにごま油大さじ1を回し入れて焼く。カリッとしてきたら返してごま油大さじ1を加え、同様に焼いてとり出し、器に盛る。もう1玉も同様にする。

2 同じフライパンに豚肉、もやし、小松菜をキッチンばさみでざく切りにしながら入れていためる。肉の色が変わったらAをまぜて加え、とろみがついたら1にかける。

壱の巻
フライパンでマッハ快速タイパめし

背徳のミソバタ焼きうどん

10分で完成!

メンタイクリームモドキウドン

8分で完成!

壱の巻 フライパンでマッハ快速タイパめし

背徳の ミソバタ焼きうどん

うどんにミソバター！
ウ〜ン、罪な味！
ふんわりと香るしょうががせめてもの救いサッ。
バランスがいいったらありゃしない

材料（口径26cmのフライパン1個分）

- ゆでうどん…2玉
- 豚こまぎれ肉…120g
- もやし…1/2袋（100g）
- キャベツの葉…大2枚（100g）
- A
  - めんつゆ（3倍濃縮）…大さじ1
  - バター…10g
  - しょうがのすりおろし…小さじ1
  - 酒…大さじ2
  - みそ…大さじ1.5
- 塩、こしょう…各適量

作り方

1. フライパンにもやし、キャベツをちぎりながら入れる。豚肉、うどんの順に加え、**A**をすべて加える。

2. ふたをし5〜6分蒸し焼きにしたら、さっといためる。塩とこしょうで味をととのえる。器に盛り、好みであらびき黒こしょうを振る。

メンタイクリームモドキウドン

生クリームや牛乳じゃない、豆乳クリームにしてみたのサッ。せめてヘルシーレシピ…と言いたいじゃナイ！じゅうぶんクリーミー、大満足サ

材料（口径26cmのフライパン1個分）

ゆでうどん…2玉
からし明太子…50g
A ┃ めんつゆ（3倍濃縮）…大さじ3
　 ┃ 豆乳（無調整のもの）…1.5カップ
細ねぎの小口切り…適量

作り方

1. 明太子は身をほぐす。フライパンにAと水1/2カップ、うどん、明太子の半量を入れてひと煮する。

2. うどんがほぐれてきたら器に盛り、残りの明太子をのせて細ねぎを散らす。

ハーフ&ハーフ

壱の巻 フライパンでマッハ快速タイめし

ヨーグルトソースをかけて、ヨロレイヒ〜

まるごと超ジューシィ！

うっかりタネまでピーマン

ヨーデルむしナス

材料（口径26cmのフライパン1個分）

ヨーデルむしナス
- なす…2個
- A
  - プレーンヨーグルト…100g
  - にんにくのすりおろし…少々
  - 塩、こしょう…各適量
- あらびき黒こしょう…適量

うっかりタネまでピーマン
- ピーマン…4個
- 削り節、ごま油、しょうゆ…各適量

8分で完成！

作り方

① なすはがくを除き、皮をむく。フライパン用クッキングシートの上にのせて両端をねじり、水2/3カップを注ぎ入れてフライパンの半分におく。残りのスペースにピーマンを入れて、かるくごま油をかける。

② ふたをし、ピーマンはときどき転がしながら6分蒸し焼きにする。なすはしっとりやわらかくなるまで蒸す。

③ ピーマンは削り節を散らし、しょうゆをかける。なすはAをまぜてかけ、こしょうを振る。

66

フクサイ

家族に栄養満点のおかずを出したい！けど忙しくて品数が増やせない！そんなときはフライパンをまっぷたつに割ってやるのサ。するとどうだい、2品できるだろう？

もっさりすごもりエッグ

パワフルポパイソテー

6分で完成！

材料（口径26cmのフライパン1個分）

パワフルポパイソテー
- ほうれんそう…100g
- ベーコン…1枚
- ピザ用チーズ…40g
- 塩…適量

もっさりすごもりエッグ
- キャベツのせん切り…100g
- 卵…1個
- オリーブ油、しょうゆ…各適量

作り方

1. フライパンの半分に薄くオリーブ油を引き、キャベツを入れて卵を割り落とす。
2. ほうれんそうはキッチンばさみでざく切りにし、残りのスペースに広げ入れる。ベーコンもキッチンばさみで1cm幅に切ってのせ、かるく塩を振りチーズをのせる。
3. 水大さじ3を全体に加えてふたをし、2～3分蒸し焼きにする。すごもりエッグにしょうゆをかける。

67

壱の巻 フライパンでマッハ快速タイパめし

エノキがスナックに！
パン粉がサクッとチクチク！

クリスピー・エノキ
チクチクチクチー棒

材料（口径26cmのフライパン1個分）

クリスピー・エノキ
- えのきだけ…30g
- 顆粒スープ…小さじ1/2
- かたくり粉…大さじ1

チクチクチクチー棒
- プロセスチーズ…40g
- ちくわ…4本
- 青じそ…8枚
- A │ 小麦粉、水…各小さじ1
- パン粉…適量
- オリーブ油…大さじ1

作り方

1. プロセスチーズは5〜6mm角、長さ3cmの棒状にし、ちくわの穴に詰める。青じそは縦半分に切る。**A**はまぜる。

2. ちくわを4等分にし青じそでくるみ、竹串に刺す。片面に**A**をつけパン粉をかける。

3. えのきだけは根元を切り落とし、4等分にする。顆粒スープとかたくり粉をまぶす。

4. フライパンにオリーブ油を熱し、フライパンの半分に**2**をパン粉のついた面を下にして入れる。残りのスペースに**3**を入れ、ともにきつね色になるまで焼く。

10分で完成！

卵焼き器でできる
マッハ快速！タイパ卵おかず

キッチュなうずらココット

材料（作りやすい分量）

ピーマン…1個
うずらの卵…3個
塩…少々
サラダ油…適量

作り方

1. ピーマンは輪切りにする。卵焼き器に油を熱しピーマンを並べ入れたら、うずらの卵を割り入れて焼く。

2. 白身の色が変わって、黄身にしっかり火が通ったら塩を振る。

ぎょぎょぎょスティック卵巻き

材料（卵焼き器1個分）

魚肉ソーセージ…1本
卵…1個
塩…ひとつまみ
サラダ油…適量

作り方

1. 魚肉ソーセージは長ければ卵焼き器の幅に合わせて切る。卵はときほぐし、塩を加える。

2. 卵焼き器に油を熱し、卵液を流し入れる。魚肉ソーセージを奥におき、奥から手前に転がしながら卵を巻きつける。

3. 火が通ったらとり出し、あら熱がとれたら食べやすい大きさに切る。

壱の巻 フライパンでマッハ快速タイパめし

ぱったん卵

途中まで目玉焼きだったじゃないか！完成間近で黄身を割ってしまうだなんて…！あれよあれよという間に折りたたまれて、立派な卵焼きになっちゃった

共通の作り方

1. 卵焼き器に油を熱し卵を割り落とす。
2. 白身の色が変わってきたら木べらで黄身を割り、チーズを散らして具をのせる。火が通ったら半分に折りたたみ、好みでしょうゆをたらす。

ぱったんほうれんそう

材料（1個分）
卵…1個
冷凍ほうれんそう…30g
ピザ用チーズ…適量
サラダ油…適量

作り方
共通の作り方を参照し、具をほうれんそうにして同様に作る。

ぱったんのり

材料（1個分）
卵…1個
焼きのり（全形）…1/6枚
ピザ用チーズ、サラダ油
　…適量

作り方
のりはちぎる。共通の作り方を参照し、具をのりにして同様に作る。

ぱったんコーン

材料（1個分）
卵…1個
ホールコーン缶（缶汁をきる）
　…大さじ2
ピザ用チーズ、サラダ油
　…適量

作り方
共通の作り方を参照し、具をコーンにして同様に作る。

ぱったんハム

材料（1個分）
卵…1個
ハム…1枚
ピザ用チーズ…15g
サラダ油…適量

作り方
ハムは細切りにする。共通の作り方を参照し、具をハムにして同様に作る。

弐の巻
なべでマッハ快速タイパめし

ここでは体力残り1パーセントのアナタに、
2つの方法を教えてさしあげヨウ。
名づけて「一発2品献立」と「究極のずぼら煮込み」サ！

一発2品献立は、加熱用ポリ袋に具材を入れて湯せんするものと、
食材をゆでたり蒸したあとのなべで副菜をつくるものの2種類。

究極のずぼら煮込みはアナタがねぼけ眼でもできるくらい
カンタンなレシピをと、こだわってやったのサ。
だから食材をざっくり切って、調味料を加えて、ふたをし煮込むだけ。
なかには食材を切らないものもあるけれど、
それはページをめくってのお楽しみサ。

あぁこれでまたひとり、献立に悩める人を救ってしまった！
拙者といったら小粋な「猫の手」だよね、まったくモウ！

弐の巻
なべでマッハ快速タイパめし

みんなの大好物、
カレーとオムレツが
いっぺんに
できちまうなんて、
なんてこったい！
まさに夢の
コラボレ〜ションッ。
お夕飯だけじゃなく、
休日のお昼にも
もってこいダネ

ドリームカムトゥルー オムチーマーセット

15分で完成！

材料（2人分）

チーズオムレツ
- とき卵…4個分
- 塩…少々
- ピザ用チーズ…30g

キーマカレー
- 合いびき肉…160g
- セロリのみじん切り…1本分
- にんにくのすりおろし、しょうがのすりおろし…各小さじ1
- トマトケチャップ…大さじ2
- カレー粉、中濃ソース…各大さじ1
- 顆粒スープ…大さじ1/2

あたたかいごはん…茶わん2杯分
塩、こしょう、トマトケチャップ…各適量

作り方

1. 加熱用ポリ袋2枚に**チーズオムレツ**の材料を等分に入れて口を結ぶ。別の加熱用ポリ袋に**キーマカレー**の材料をすべて入れてもみ、同様に結ぶ。

2. なべ底に耐熱の皿を敷き、たっぷりの水を入れて熱する。ふつふつとしたら、**1**の3袋を同時に入れて10分加熱する。とり出し、カレーはよくまぜて塩とこしょうで味をととのえる。

3. 器にごはんを盛り、カレーをかける。オムレツをのせてケチャップをかけ、好みでベビーリーフを添える。

しいたけのかさにこんもり肉を盛ってオクレ！ゴロンゴロンのシイタケシューマイのでき上がりサッ。保湿係のキャベツはスープにダ〜イヘンシンッ！

ゴロンゴロン シイタケシューマイ定食

18分で完成！

材料（2人分）

しいたけ…6個

たね
- 豚ひき肉…120g
- ねぎのみじん切り…1/4本分
- しょうがのすりおろし…小さじ1
- オイスターソース…小さじ1
- しょうゆ…小さじ1/2
- 塩、こしょう…各少々
- かたくり粉…小さじ2

キャベツ…1/7個（150g）

スープ
- ザーサイのざく切り…30g
- 鶏ガラスープのもと…小さじ1
- 塩、こしょう…各適量

クッキングシートごと！

作り方

1 しいたけは軸を切り落としてみじん切りにする。ポリ袋にしいたけの軸とたねの材料をまぜて、肉だねを作る。しいたけのかさの内側にかたくり粉適量（分量外）をまぶし、肉だねの1/6量をのせて丸く形をととのえる。残りも同様にする。

2 鍋にキャベツをちぎりながら入れ、水1.5カップを注ぎクッキングシートをのせる。1を並べたらふたをして10分蒸し、シューマイをクッキングシートごととり出す。水1カップを加え、ザーサイと鶏ガラスープのもとを加えてひと煮する。塩とこしょうで味をととのえる。

トリのいいとこドリ！キン肉定食

まずは で8〜9分 + 余熱3分煮る

 15分で完成！

鶏肉としょうが、酒で煮ただしをスープにするのダ〜

+

材料（2人分）

鶏むね肉…1枚
塩…小さじ2/3
酒…大さじ1
しょうがのせん切り…1かけ分
きゅうり…1本
たれ
　ねぎのみじん切り…10㎝分
　しょうがのすりおろし…小さじ1
　しょうゆ、水…各大さじ2
　砂糖、酢、ごま油…各大さじ1
スープ
　とき卵…1個分
　塩…適量

作り方

① 鶏肉は塩をよくもみ込む。皮目を下にして酒、水1.5カップ、しょうがとともになべに入れ、ふたをし8〜9分煮る。火を止めて3分余熱で火を通し、食べやすい大きさに切って器に盛る。きゅうりをピーラーで薄切りにして添え、たれの材料をまぜてかける。あればミニトマトを添える。

② 残った煮汁に水2/3カップを注いで再び加熱する。ふつふつとしたらとき卵を加えてざっくりまぜる。好みのかたさになったら塩を加えて味をととのえる。

弐の巻 なべでマッハ快速タイパめし

お肉が高いィ〜！
そんな日の強い味方サッ。
油揚げが
主食になるなんて、
そんな世界線！
あるんデス！
ひもじい気持ちとは
おさらば、
なんならアゲ！なキブン

お揚げによる プチアゲ↑定食

15分で完成！

材料 (2人分)

おあげ丼
- 油揚げ…2枚
- ねぎ…1/3本
- とき卵…3個分
- A
  - めんつゆ(3倍濃縮)…大さじ3
  - 砂糖…小さじ1
  - 水…大さじ6
- あたたかいごはん…茶わん2杯分

野菜のバターあえ
- しめじ…1パック（100g）
- 小松菜…1/2束（100g）
- ホールコーン缶(缶汁をきる)…50g
- 顆粒スープ…小さじ1
- バター…8g
- 塩…適量

作り方

1. 加熱用ポリ袋に油揚げを2cm幅に、ねぎを斜め薄切りにキッチンばさみで切りながら入れる。とき卵とAを加えてよくもみ袋の口を結ぶ。

2. 別の加熱用ポリ袋にしめじを小房に分けて入れる。小松菜をキッチンばさみでざく切りにしながら加え、コーン、顆粒スープを加えて袋の口を結ぶ。

3. なべ底に耐熱の皿を敷き、たっぷりの水を入れて熱する。ふつふつとしたら2袋を同時に入れて10分加熱する。野菜のバターあえの袋をあけてバターを加えてまぜ、塩で味をととのえる。器にごはんを盛りおあげ丼の具をのせ、好みで紅しょうがをのせる。

79

弐の巻
なべでマッハ快速タイパめし

もんでチャチャチャ！
あたためてチャチャチャ！
ごはんにかけたら
でき上がり。
簡単すぎて忙しい日でも
なんくるないサッ

18分で完成！

メキシカン・ウカレセット

材料（2人分）

タコライス
- 合いびき肉…180g
- A
  - にんにくのすりおろし…1/2かけ分
  - トマトケチャップ…大さじ3
  - 中濃ソース…大さじ1
  - しょうゆ…小さじ1
  - 一味とうがらし…4〜5振り
- あたたかいごはん…茶わん2杯分
- きゅうり…1/2本
- トマト…1/2個
- ピザ用チーズ（加熱不要のもの）…適量

かぼちゃサラダ
- かぼちゃ…1/6個（200g）
- B
  - レーズン…大さじ2
  - マヨネーズ…大さじ1
  - 砂糖…小さじ1
  - 塩…適量

作り方

1 加熱用ポリ袋にひき肉と**A**を入れてもみ、袋の口を結ぶ。かぼちゃは5mm厚さの一口大に切り、別の加熱用ポリ袋に入れて袋の口を結ぶ。

2 なべ底に耐熱の皿を敷き、たっぷりの水を入れて熱する。ふつふつとしたら**1**の2袋を同時に入れ、タコライスの袋は上からもみながら10分加熱する。とり出してかぼちゃは袋の上からつぶし、**B**を加えてまぜる。

3 きゅうりとトマトはそれぞれ1cm角に切る。器にごはんを盛り、タコライスの肉をかけてきゅうり、トマト、チーズを散らす。

弐の巻 なべでマッハ快速タイパめし

むしちゃって
カロリーオフ!
おなかはマンプク!
時間も節約、
キモチはアップ!
いいことずくめで
こまっチャイナ!

むしチャイナ！ホイコーロー ヘルシー定食

15分で完成！

クッキングシートごと！

材料（2人分）

ホイコーロー
- 豚バラ薄切り肉…180g
- キャベツ…1/6個（180g）
- ピーマン…2個
- **A**
  - 塩、こしょう…各少々
  - かたくり粉…小さじ1
- **B**
  - みそ…大さじ1.5
  - 砂糖、酒、しょうゆ…各大さじ1/2
  - にんにくのすりおろし…1かけ分
  - 豆板醤、ごま油…各小さじ1/2

蒸しどうふ
- 木綿どうふ…1丁（300g）
- スライスチーズ…1枚
- 白菜キムチのざく切り…80g
- しょうゆ、細ねぎの小口切り…各適量

作り方

1 キャベツは一口大にちぎり、ピーマンはキッチンばさみで乱切りにしなべに入れる。水1/2カップを注ぎ入れる。豚肉は**A**をまぶし広げ入れる。

2 1にクッキングシートをのせてとうふをのせる。チーズをかぶせてふたをし弱めの中火で8分蒸し、チーズがとけたらクッキングシートごととり出して器に盛る。

3 強火にして水分をとばし、**B**を加えてさっといためる。とうふはキムチと細ねぎをのせ、しょうゆをかける。

弐の巻 なべでマッハ快速タイパめし

レタスの芯を
ぐりっと
くりぬいて…
準備はいいカイ？
いざ！ 肉に装着!!
あとは
しばし待つだけヨ。
究極の簡単蒸し。
おためしアレ！

⏱ **15分で完成！**

ヘルメットレタス・アルティメット蒸し
〜ピリ辛ごまだれをかけて〜

材料（2人分）

豚こまぎれ肉…180g
レタス…1個
A:
　めんつゆ（3倍濃縮）、
　牛乳…各大さじ2
　すり白ごま…大さじ3
　マヨネーズ…大さじ1
　豆板醤、砂糖
　　…各小さじ1/2
ごま油、塩、こしょう
　…各少々

作り方

1. 鍋にごま油を熱し豚肉を入れていためる。肉の色が変わったら塩とこしょうを全体に振る。
2. レタスは芯をくりぬき、1にかぶせる。水1カップを加えたらふたをし、10分蒸す。器に盛りAをまぜてかける。

弐の巻 なべでマッハ快速タイパめし

疲れてかすんだ目でもダイジョウブ、だって4つに具を切るだけだからサッ。ローリエはぶっちゃけなくてもヘーキ。ウインナはいい塩けになるし、野菜のうまみがじゅうぶんいいだしになるからサッ

4等分すぎるポトフ

20分で完成！

材料（2人分）

- 玉ねぎ…1個
- じゃがいも…大1個
- にんじん…1本
- キャベツ…1/4個
- ウインナソーセージ…8本
- 顆粒スープ…大さじ1/2
- ローリエ…1枚
- 塩、あらびき黒こしょう…各適量

作り方

1. 野菜はすべて4等分にする。
2. 鍋に**1**、ソーセージ、水3カップ、顆粒スープ、ローリエを入れてふたをし15分煮る。塩、こしょうを加えて味をととのえる。

秘技！4等分すぎの術

弐の巻
なべでマッハ快速タパめし

鮭のさわやか蒸し&

15分で完成!

かぶの こじゃれチーズがけ

甘塩鮭の塩味とうまみに
レモンを添えてさっぱりさわやかに。
かぶに粉チーズを
しゃらりしゃらりかけたなら、
あ〜なんて私しゃれてるのッ！
疲れた日こそすてきなジブンを
ほめてあげよう

材料（2人分）

かぶ…2個
甘塩鮭…2切れ
レモンの輪切り…1/3個分
塩、こしょう、粉チーズ、オリーブ油
…各適量

作り方

1. かぶは葉を切り離し、くし形切り、葉はざく切りにしてなべに入れる。鮭とレモンをのせ、水2/3カップを加えてふたをし7〜8分加熱する。

2. かぶを器に盛り、塩とこしょうを振ってオリーブ油を回しかけ、粉チーズをかける。鮭を盛り、レモンをのせる。好みであらびき黒こしょうを振る。

弐の巻
なべでマッハ快速タイパめし

忙しくってもケンチャナヨ！ノリはカムジャタン

20分で完成！

材料（2人分）

じゃがいも…4個
豚バラ薄切り肉…200g
ごま油…小さじ2
白菜キムチ…150g
A ┃ 白菜キムチの汁…大さじ1
　 ┃ 鶏ガラスープのもと…小さじ1
細ねぎの小口切り…適量

作り方

1. じゃがいもは半分に切る。豚肉はキッチンばさみで食べやすい大きさに切る。

2. 鍋にごま油を熱し豚肉とキムチをいため、肉の色が変わったらじゃがいもを加えてさらにいためる。

3. 全体に油がまわったら**A**と水1.5カップを加えてふたをし、様子をみながらじゃがいもに竹串がすっと通るまで弱めの中火で10〜15分煮る。器に盛り、細ねぎを散らす。

お疲れの日でもケンチャナヨ！
じゃがいもは大きく切って、
具といためて煮るだけだもんネ。
辛いもので汗かいて、
ふーふー食べたら
ストレスも吹っ飛んじゃう

弐の巻 なべでマッハ快速タイパめし

トマトを入れただけなのに！
うっかりセンスのいい煮込みができちゃった！
これはほめられちゃうこと間違いなしダネ

うっかりハイセンス
ミートマ煮込み

15分で完成！

材料（2人分）

牛こまぎれ肉…180g
トマト…大2個
エリンギ
　…1パック（100g）
にんにくの薄切り
　…1かけ分
塩…小さじ1/2
オリーブ油…大さじ2

作り方

1. トマトはくし形切りにする。エリンギは縦に四つ割りにする。
2. 鍋にオリーブ油、にんにくを入れて弱火で熱する。香りが立ったらにんにくをとり出す。
3. トマト、エリンギ、牛肉の順に重ね、水大さじ3を入れる。にんにくを戻し入れて塩を振り、ふたをし弱火で8分煮る。まぜて塩とこしょう（各分量外）で味をととのえる。

弐の巻
なべでマッハ快速タイパめし

あつくてホットホット！
ほんのりカレーでスパイシー、ホットホット！
カラフルな野菜もたっぷり入れて、
家族みんなでヘルシー！
心も体もホットホット！

ホット！ホット！

ホットホット！スパイシーテバ野菜

材料（2人分）

鶏手羽元…6本
A
- にんにくのすりおろし…1かけ分
- 塩、こしょう…各少々
- カレー粉、顆粒スープ…各小さじ1

塩…小さじ1/2
もやし…1袋（200g）
キャベツの葉…2枚（60g）
にんじん…1/2本（80g）

18分で完成！

作り方

1. にんじんは輪切りにし、キャベツはちぎる。手羽元は**A**をまぶす。
2. なべにもやし、キャベツ、にんじんを入れて塩を振り、手羽元を加える。水1カップを加えてふたをし、弱めの中火で10〜12分加熱する。

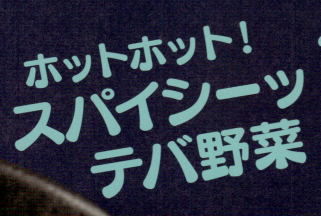

弐の巻
なべでマッハ快速タイパめし

平日の夕方に作る史上、もっとも簡単なチャーシューと言っても過言じゃない！Dは大根のことサ。脇役と思いきや、だしを吸っていい味出しているんダ

日本一テキトー チャーシュー with D

材料（2人分）

鶏むね肉…1枚
大根…1/3本（350g）
A
　しょうがのすりおろし
　　…1かけ分
　しょうゆ、酒、みりん
　　…各大さじ2
　砂糖…大さじ1
　水…1/2カップ

作り方

1. 大根は1.5cm厚さのいちょう切りにする。なべにたっぷりの湯を沸かし、5分ほどゆでてざるに上げる。

2. 同じなべにAと鶏肉を皮目を下にして入れ、大根を加えてふたをし6分加熱する。返してさらに3〜4分加熱しあら熱をとる。食べやすい大きさに切って器に盛る。

20分で完成！

参の巻

ポリ袋で
マッハ快速
タイパめし

さて、まだまだ楽したいそこのアナタに最後の一手をお貸ししまショウ。
ひらりと登場！ポリ袋サッ。加熱用と両刀使いで参ろうではナイカ。

材料を入れてもみもみ、もみもみ。基本動作はたったのこれだけ。
あとは中身を出して焼くなり煮るなり、袋ごと湯せんするなりして
盛りつけるだけサッ。これまた楽チンダロウ！

なかには袋ごと保存しておけるレシピもあるから、
休みの日に準備して平日に活用したり、
家族それぞれごはんの時間がバラバラ！なーんて日にも便利。

あと少ない調味料で味がこれでもカッ！てほどしみるのも
ポリ袋のいいところ。お財布にもちょっぴり優しくしてやったのサ。

いやはや簡単なうえ、思いやりも添えちゃって。

もみもみ しょうが焼き

15分で完成!

「なじめ〜なじめ〜調味料よ〜お」と念じる!
肝心なことはそれだけサッ
モミモミモミモミ、ああ、ねむたくなったなァ〜と思ったら、そろそろあたためようの合図ダヨ

冷蔵室で5日間保存可能

材料（2人分）

豚切り落とし肉…250g
玉ねぎの薄切り…1/2個分
しょうがのすりおろし…1かけ分
しょうゆ、酒、みりん…各大さじ1.5
砂糖…小さじ1

作り方

1 加熱用ポリ袋に材料をすべて入れる。よくもんで袋の口を結ぶ。

2 なべ底に耐熱の皿を敷き、たっぷりの水を入れて熱する。ふつふつとしたら、**1**を入れ10〜12分加熱する。器に盛り、あればキャベツのせん切りを添える。

101

アゲヘンタツタ

15分で完成！

このタツタ、焼くネン！
使う油はちょろっとごま油を入れたるだけヤ！
鶏肉の脂もあるからそれでじゅうぶんやネン！
少ない油でちょっぴりヘルシー、これ以上のことがあるカイな！

冷蔵室で5日間保存可能

材料（2人分）

鶏もも肉…1枚
A（酒、しょうゆ…各大さじ1
にんにくのすりおろし…1かけ分
ごま油…大さじ1/2）
かたくり粉…適量

作り方

1. 鶏肉はキッチンばさみで一口大に切りながらポリ袋に入れる。Aを加えてもみ、数分おく。

2. 別の袋にかたくり粉を入れて**1**を移し、全体にまぶす。皮目を下にしてフライパンに並べ入れ、ふたをし弱火で7〜8分加熱する。返して3分加熱したらふたをとり、強火で両面をさっと焼く。器に盛り、あればレタスを添える。

つけたらつけたブンだけ ウマイ鶏

20分で完成！

すぐにできるけど、
気合がある
そこのあなたは
前日から
つけてもいいのサ。
つけたらつけたぶん
じわじわ〜
じわじわ〜っと
味がしみ込んで。
それはも〜う
絶品やみつきなんダ

冷蔵室で5日間保存可能

材料（作りやすい分量）

鶏もも肉…1枚
にんにくのすりおろし、
　しょうがのすりおろし…各1かけ分
ねぎのみじん切り…1/2本分
しょうゆ…大さじ1
酢、みそ、砂糖、ごま油…各小さじ1

作り方

1〜2. 加熱用ポリ袋に材料をすべて入れる。鶏肉になじませ、袋の口を結ぶ。

なべ底に耐熱の皿を敷き、たっぷりの水を入れて熱する。ふつふつとしたら**1**を入れ、10〜15分加熱する。とり出してあら熱がとれたら食べやすい大きさに切る。器に盛って好みで水菜を添える。

105

キブンはアロハ！な ステーキ

10分で完成！

さあ一口どうぞ！
仕事に育児に、頑張ったアナタを南国のリゾート地へお連れします〜。
カラフルなミックスベジタブル、いんげんを添えたならあっという間にここはワイキキビーチ！

冷蔵室で**5日間**保存可能

材料（2人分）

牛ステーキ用肉…2枚
塩、こしょう…各少々
パイナップル缶…5切れ

A
- しょうゆ、みりん、酒…各大さじ1.5
- にんにくのすりおろし、しょうがのすりおろし…各1/2かけ分
- バター…1かけ（約8g）

作り方

1 パイナップル3切れはあらいみじん切りにする。牛肉とともにポリ袋に入れて**A**を加えてかるくもんだら袋の口を結び、30分以上つける。

2 フライパンを熱し**1**の牛肉だけをとり出し、残りのパイナップルとともに2分焼く。返してさらに1分焼く。つけ汁と**1**のパイナップルを加えてあめ色になるまで煮詰める。牛肉を器に盛り、煮詰めたソースをかける。好みでいためたさやいんげんやミックスベジタブルを添える。

107

シットリ美人ドリ

20分で完成!

ガマンして鶏むね肉を食べる時代は終わり！塩麹でしっとりさせちゃうんだから、あなたのお肌ともろともにネッ。湯せんでじ〜っくり、あたためる要領でつくってオクレ

冷蔵室で**5日間**保存可能

材料（作りやすい分量）

鶏むね肉（皮なし）
　…1枚（300g）
A
　塩麹…大さじ1.5
　酒…大さじ1
　ねぎのみじん切り
　　…10cm分
B
　ポン酢しょうゆ…大さじ3
　はちみつ、豆板醤、ごま油
　　…各小さじ1

作り方

1 加熱用ポリ袋に鶏肉とAを入れてもみ込み、袋の口を結び1晩以上おく。

2 なべ底に耐熱の皿を敷き、たっぷりの水を入れて熱する。ふつふつとしたら**1**を袋ごと入れ、10分湯せんする。火を止めて余熱で5分火を通し、あら熱がとれたら鶏肉だけをとり出して薄切りにし、器に盛る。

3 Bと**2**のゆで汁大さじ3をまぜて、**2**の鶏肉にかける。あれば1cm幅に切ったレタスを添える。

参の巻
ポリ袋でマッハ快速タイパめし

カジキのどすえ焼き

16分で完成！

できれば白みそでつくってほしいナ。おトクなかじきが、あれやこれやという間に京風はんなりテイストになりますえ。ごはんと一緒に今日のおかずに食べておくんなまし

冷蔵室で **5日間** 保存可能

材料（2人分）

かじき…2切れ
A ┃ 白みそ（なければみそ）…大さじ2
　┃ みりん…大さじ1
　┃ 砂糖…小さじ2

作り方

1 かじきは塩ひとつまみ（分量外）を振って数分おく。キッチンペーパーで水けをふき、加熱用ポリ袋に入れる。**A**を加えかるくなじませたら袋の口を結び、30分以上つける。

2 なべ底に耐熱の皿を敷き、たっぷりの水を入れて熱する。ふつふつとしたら**1**を入れ、7〜8分湯せんする。あればゆでたさやいんげんを添える。

ぶりぶり てりふわ焼き

10分で完成！

焼くと思っているそこのアナタ！湯せんがミソですヨ。ほろっとふっくら、それはそれは驚きの食感になるんですから。オイスターソースでてりっとこくうま、う〜ん今日のおかずはぶりにしよう！

冷蔵室で5日間保存可能

材料（2人分）

- ぶり…2切れ
- ピーマン…2個
- 小麦粉…大さじ1
- A
  - オイスターソース…小さじ2
  - みりん、酒…各大さじ1
  - 砂糖、しょうゆ…各小さじ1

作り方

1. ぶりはキッチンペーパーで水けをふき、加熱用ポリ袋に入れる。小麦粉を加えて全体に薄くまぶす。**A**を加えてなじませ、袋の口を結び、10分以上つける。

2. なべ底に耐熱の皿を敷き、たっぷりの水を入れて熱する。ふつふつとしたら**1**を入れて7〜8分加熱する。器に盛り、ピーマンを2cm幅に切って添える。

づけづけサーモン コチュユッケドン

5分で完成！

サーモンにコチュジャン、にんにく、ごま油！そりゃあごはんにのっけなきゃ！濃厚な卵黄までのせちゃって！トドメは青じそのさわやかな香り…く〜っ、マシソヨ！！

冷蔵室で5日間保存可能

材料（2人分）

- サーモン（刺し身用・さく）…180g
- A
  - にんにくのすりおろし…少々
  - しょうゆ、コチュジャン…各大さじ1
  - 砂糖、ごま油…各小さじ1
- あたたかいごはん…茶わん2杯分
- いり白ごま…適量
- 青じそ…2枚
- 卵黄…2個

作り方

1. サーモンはキッチンばさみで一口大に切る。ポリ袋に**A**とともに入れて口を結び、もんでなじませ、30分おく。
2. 器にごはんを盛り、ごま、青じそをのせ**1**を汁ごとのせる。卵黄をのせる。

参の巻
ポリ袋でマッハ快速タイパめし

チョキチョキトリだんご

ポリ袋を使ってつくるものといえば今や王道！キュッとしぼって、キッチンばさみでちょきんちょきんとたねを切り離す。こうすれば均等に一口サイズになるのサッ

材料（2人分）

A
- 鶏ひき肉…250g
- ねぎのみじん切り…1/3本分
- 卵…1個
- 塩、こしょう…各少々
- かたくり粉…大さじ1

B
- しょうゆ、酒、みりん…各大さじ1
- 砂糖、かたくり粉…各小さじ1
- 水…大さじ3

サラダ油…適量

作り方

1. Aをポリ袋に入れてよくもむ。フライパンに油を薄く引いて熱し、袋の角を1カ所切り落としてキッチンばさみで切りながら一口大にしぼり出す。

2. 1を焼き色がつくまで両面3分ずつ焼く。Bをまぜて回しかけ、てりっとするまでからめる。器に盛り、好みで水菜を添える。

10分で完成！

117

参の巻
ポリ袋でマッハ快速タイパめし

にゅるりんとうふ焼き

10分で完成!

枝豆に紅しょうが、これはおかずでもありおつまみでもあるノダ！大人は紅しょうがを足してもいいし、ちいちゃなこがいるおうちは抜いてもいいねッ。みんなで楽しくめしあがれ〜！

材料（2人分）

A
- 絹ごしどうふ…1/2丁（150g）
- 冷凍枝豆（さやからとり出したもの）…30g
- 鶏ガラスープのもと…小さじ1/2
- 紅しょうが…大さじ2
- かたくり粉…大さじ3
- ピザ用チーズ…30g
- 塩、こしょう…各少々

ごま油…適量

作り方

1. 枝豆は流水で解凍する。ポリ袋にAをすべて入れてとうふがなめらかになるまでもむ。

2. フライパンにごま油を熱し、1の袋の角を1カ所切り落とし一口大に落とす。両面をこんがりとするまで焼く。

参の巻
ポリ袋でマッハ快速タイパめし

ゴーゴー！レンコンギョーザ

15分で完成！

イケイケ！ ゴーゴー！
深いことは考えず、
レンコンの上に
まっすぐしぼり出せいッ！
あとはパタンパタンと
これまたレンコンを
かぶせるだけサッ。
マッハ快速、
ショートカーットッ！

材料（8個分）

れんこん…50g

A
- 豚ひき肉…200g
- にらのみじん切り…1/3束分（30g）
- しょうがのすりおろし、にんにくのすりおろし…各1/2かけ分
- しょうゆ、酒、ごま油…各小さじ1

かたくり粉、こしょう、酢、ラー油、サラダ油…各適量

作り方

1 れんこんは皮をむきスライサーで薄切りにする。ポリ袋にAをすべて入れてもむ。

2 まな板にかたくり粉を薄くまぶしたれんこん4枚をおき、1の袋の角を1カ所切り落とし、たねの半量をしぼり出す。もう4枚のれんこんをそれぞれ重ねる。残りも同様に作る。

3 フライパンに油を熱し2を半量ずつ入れ、両面を3分ずつ焼く。火が通ったら器に盛り、こしょうを振る。酢とラー油をまぜて添える。

参の巻
ポリ袋でマッハ快速タイパめし

ワイルドペタンコハンバーグステーク

15分で完成！

ツナギなんていらないゼ！
肉肉しくしてやんのサッ。
まぜたと思ったら
次はぺったんこにしてやってヨ。
あとはガーリックバターで
焼いちまいナッ！
食べやすく切っちゃう点は、許してネ

材料（2人分）

合いびき肉…350g
A ┃ 塩、こしょう…各少々
　┃ かたくり粉…大さじ1
グリーンアスパラガス…1束
B ┃ にんにくのすりおろし…1かけ分
　┃ しょうゆ、酒、みりん…各大さじ1
バター…5g

作り方

1. アスパラはかたい部分を切り落とし、根元から1/3ほどの皮をむいて食べやすい大きさに切る。ポリ袋にひき肉と**A**を入れてもみ、厚み2cmほどにならす。

2. フライパンを熱し、**1**を入れる。包丁の背で2cm角に筋を入れたら両面に焼き色がつくまで焼く。返したら筋に沿って切り分ける。

3. アスパラを加えて焼き、全体に火が通ったら、**B**を加えてからめる。

参の巻 ポリ袋でマッハ快速タイバめし

vol.1 ガパオ
ボイルド

ボイルド
vol.
2

ハヤシ

ボイルド
vol.
3

オヤコ

参の巻 ポリ袋でマッハの速さタイめし

ボイルド vol.1

ガパオ

意外とポイントは卵なんダ！
キュッと結んだポリ袋のあとが
なんともキュートだろう？

18分で完成！

材料（2人分）

鶏ひき肉…200g

A
- 赤とうがらしの小口切り…1本分
- にんにくのすりおろし…1/2かけ分
- ナンプラー、オイスターソース…各小さじ2
- 砂糖…小さじ1

ピーマン（赤、緑）…各1個
卵…2個
バジル…10枚
あたたかいごはん…茶わん2杯分

作り方

1. ピーマンは1cm角に切る。加熱用ポリ袋にひき肉、**A**、ピーマンを入れてもみ、袋の口を結ぶ。別の加熱用ポリ袋2枚に卵をそれぞれ入れて、袋の口を結ぶ。

2. なべ底に耐熱の皿を敷き、たっぷりの水を入れて熱する。ふつふつとしたら3袋を同時に入れ、卵は2〜3分、ガパオは10分加熱してとり出す。ガパオのポリ袋をあけ、バジルをちぎりながら加えて混ぜ、器に盛ったごはんにかける。卵をのせる。

126

18分で完成!

ボイルド vol.**2**

ハヤシ

なべを汚さない ハヤシライスなんて！ 味も調理もやさしさ重視

材料（2人分）

牛こまぎれ肉…200g
玉ねぎの薄切り
　…1/2個分
トマト缶…1/2缶（200g）
にんにくのすりおろし
　…1かけ分
塩、こしょう…各少々
中濃ソース…大さじ2
顆粒スープ、はちみつ
　…各大さじ1/2
小麦粉…大さじ1
あたたかいごはん
　…茶わん2杯分

作り方

1 加熱用ポリ袋にごはん以外の材料をすべて入れ、よくもむ。袋の口を結ぶ。

2 なべ底に耐熱の皿を敷き、たっぷりの水を入れて熱する。ふつふつとしたら **1** を入れて10分加熱する。一度とり出し、ゴムべらなどで全体に火が通るように袋の上からもみ、再びなべに戻し入れてさらに2～3分加熱する。

3 器にごはんを盛り **2** をかける。好みでパセリを振る。

127

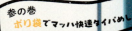

18分で完成！

ボイルド vol. **3**

オヤコ

鶏肉をいためて、卵の様子をみて…
その手間オールカット！
空いた時間、なにしよう

材料（2人分）

鶏もも肉…200g
玉ねぎの薄切り
　…1/2個分
A:
　めんつゆ（3倍濃縮）
　　…大さじ3
　砂糖…小さじ1
　水…1/2カップ
　卵…2個
あたたかいごはん
　…茶わん2杯分

作り方

1 鶏肉はキッチンばさみで1.5cm角に切り、玉ねぎ、**A**とともに加熱用ポリ袋に入れる。よくもんで袋の口を結ぶ。

2 なべ底に耐熱の皿を敷き、たっぷりの水を入れて熱する。ふつふつとしたら**1**を入れて10〜12分加熱する。

3 器にごはんを盛って、**2**をのせる。好みで青のりと紅しょうがを散らす。

128

たたいて発散 メンキュー

3分で完成！

いやなこと、悲しいことがあった日はこれで決まり！でき上がるころにはスッキリ爽快

材料（作りやすい分量）

きゅうり…2本
からし明太子…1/2腹
ごま油…小さじ1
塩…少々

作り方

1. きゅうりはへたを切り落とし、ポリ袋に入れる。明太子は身をほぐして加え、めん棒などでたたく。

2. 1にごま油を加え全体になじむようにもむ。塩を加えて味をととのえる。

没頭する チギルナスビ

5分で完成！

なすも青じそも、心ゆくまでひたすらちぎり続けるのサ。ここまでやってくると、まな板と包丁ってなんだっけ？って思うよね

材料（作りやすい分量）

なす…2個
青じそ…6枚
塩…小さじ1/2
めんつゆ（3倍濃縮）、
　ごま油…各小さじ1

作り方

1. なすはへたを除き、手で裂く。ポリ袋に入れて塩を加え、もむ。
2. 1に青じそをちぎりながら加える。めんつゆとごま油を加えてもむ。

参の巻
ポリ袋でマッハ快速タイパめし

132

ごりっぱ アンチョビキャベツ

はしくれキャベツと
アンチョビが
冷蔵室に
眠っているなら、
オシャンな
一品はいかがカナ？
ワイングラス
ゆらゆら
させちゃってネ！

12分で完成！

材料（作りやすい分量）

キャベツ…1/5個（250g）
アンチョビ（フィレ）
　…4切れ（10g）
にんにくのすりおろし…少々
オリーブ油…大さじ1
塩…適量

作り方

1 加熱用ポリ袋にアンチョビを入れて指でつぶし、キャベツをちぎりながら加える。にんにくを加えてなじませ、袋の口を結ぶ。

2 なべ底に耐熱の皿を敷き、たっぷりの水を入れて熱する。ふつふつとしたら1を入れて10分加熱する。袋の口をあけてオリーブ油を加えてまぜ、塩を加えて味をととのえる。あればあらびき黒こしょうを振る。

133

カクカクコンソメポテト

6分で完成！

コンソメに粉チーズ、こりゃあ全国のポテト好きが大歓喜サッ。揚げたり焼いたりしないから、罪なキモチも抱かずにすむ。今日はビールでも飲んじゃおうか！

材料（作りやすい分量）

じゃがいも…2個（200g）

A
- 顆粒スープ、粉チーズ…各小さじ1
- あらびき黒こしょう…少々

作り方

1. じゃがいもは皮をむき、一口大に切って水に1分さらす。水けをきって加熱用ポリ袋に入れる。

2. 1の口は結ばずに耐熱容器に入れて電子レンジで3～4分加熱する。竹串がすっと通るやわらかさになったら、熱いうちにAを加えてじゃがいもにまぶす。器に盛り、好みでサニーレタスを添える。

バリバリたねあり 肉みそピーマン

知ってる？ ピーマンって種ありもおいしいんだヨ。気になっちゃう人はとっていいんだけど、試してごらん。ふわっとプチッとバリッと、食感がとっても楽しいのサ！

13分で完成！

材料（作りやすい分量）

ピーマン…4個

A
- 合いびき肉…180g
- しょうがのすりおろし…1かけ分
- みそ…大さじ1
- 砂糖…大さじ1/2
- 豆板醤…小さじ1/2

作り方

1 加熱用ポリ袋にAをすべて入れてもみ、袋の口を結ぶ。なべ底に耐熱の皿を敷き、たっぷりの水を入れて熱する。ふつふつとしたら袋を入れ、10分加熱する。

2 1のあら熱がとれたらほぐし、器に盛る。ピーマンは縦半分に切って、好みで種とわたは除かず氷水にさらす。冷えたら水けをきって添える。

参の巻
ポリ袋でマッハ快速タイパめし

らんぼうポテサラ

12分で完成!

こいつはこまった！
いっきにチンして
たたいちまう なんて！
こんなわんぱくで
いいのだろうか。
いいのサ、
意外と手間がかかる
ポテサラだもの。
これくらいは
ラクさせてよネッ！

ドンドンガンガン

材料（作りやすい分量）

じゃがいも…2個（190g）
にんじん…1/2本（80g）
玉ねぎ…1/2個（100g）
ハム…2枚
マヨネーズ…大さじ2
塩、こしょう…各適量

作り方

1. じゃがいもは皮ごと半分にし、にんじんは縦半分に、玉ねぎは半分にして加熱用ポリ袋に入れる。

2. 袋の口は結ばず、**1**を袋ごと耐熱容器に入れ、電子レンジで8分加熱する。熱いうちに袋の上からめん棒などでたたく。細切りにしたハムとマヨネーズを加えてもみ、塩とこしょうで味をととのえる。

えびブロッガリバタ

5分で完成！

ほくほくのブロッコリーに
ぷりぷりのえび、
味つけは魅惑の
ガーリックバター！
響きがもう
おいしいじゃないか！
でもねバターは
かならず
最後に入れてね、
ポリ袋くんからの伝言デス

材料（作りやすい分量）

むきえび…120g
ブロッコリー…大 1/2 個（150g）
A ┃ にんにくのすりおろし…1/2 かけ分
　┃ 赤とうがらしの小口切り…1/2 本分
　┃ 顆粒スープ、酒…各小さじ 1
バター…5g
塩、あらびき黒こしょう…各適量

作り方

1. えびはあれば背わたを竹串などでとり除く。ブロッコリーは小房に分ける。

2. 加熱用ポリ袋に 1 と A を入れる。全体になじませたら袋の口は結ばず、耐熱容器に入れて電子レンジで 2 分30秒加熱する。熱いうちにバターを加えてとけたら器に盛り、塩とこしょうを振る。

マグロズズズ小鉢

3分で完成！

ちょいとお行儀がわるいけど、ずず〜ッとすするのがおいしいんだ。家族が食卓にそろったら、いっせいにすすっちゃおう！みんなですすればこわくない！ズズズ〜ッ！

材料（作りやすい分量）

- まぐろ（刺し身用・さく）…180g
- めかぶ（たれつき）…2パック
- **A**
  - しょうゆ…大さじ1
  - ごま油…大さじ1/2
- 卵黄…2個分
- いり白ごま…適量

作り方

1. まぐろは1.5cm角に切ってポリ袋に入れる。めかぶを付属のたれごと入れ、**A**を加えてよくもむ。
2. 器に盛って卵黄をのせ、ごまを散らす。

スマッシュとろろグラタン

12分で完成!

やわらかい長いもはそんなに小さくしなくても、ちょいとたたけばとろろ状に。こんがりチーズの真下に、ほろろ〜ととろける。寒い日はこれに決まりダネ!

材料（グラタン皿1枚分）

- 長いも…400g
- からし明太子…1/2腹（20g）
- A
  - 牛乳…大さじ2
  - しょうゆ…小さじ2
  - 塩…少々
- ピザ用チーズ…50g

作り方

1〜2

明太子は身をほぐす。長いもは皮をむき、ポリ袋に **A** とともに入れてめん棒などでたたいてつぶす。

少しかけらが残る程度につぶれたら明太子を加えてまぜ、グラタン皿に移す。チーズを広げ入れて、オーブントースターでこんがりとするまで8分焼く。好みでパセリを散らす。

145

見た目にはわからないだろう？
食べてびっくりなんダ。
キャベツに、コーンに、ウインナ！
具が3つも入っていて、
なんならちょっと
ゼイタクなおかずかもネ

材料（フライパン1本分）

キャベツのせん切り…50g
ウインナソーセージ…2本
卵…1個
ホールコーン缶（缶汁はきる）…大さじ2
A｜小麦粉、ピザ用チーズ…各大さじ2
塩…ひとつまみ
サラダ油…適量

作り方

1. ポリ袋にキャベツと塩を入れ、もむ。ソーセージは輪切りにし、コーン、卵、**A**とともに加えてよくもむ。

2. フライパンに油を熱し**1**を流し入れる。4分焼いたら返し、こんがりとするまで焼く。

147

参の巻
ポリ袋でマッハ快速タイパめし

ツナのリエット、なんちゃって！

5分で完成！

ポリ袋おかず、有終の美を飾るのはナント！バゲットに塗っていただくフランスのおつまみ「リエット」サッ。こじゃれちゃってアラヤダワッ！

材料（作りやすい分量）

クリームチーズ
　（室温にもどす）…100g
ツナ缶（缶汁をきる）…1缶
A　にんにくのすりおろし…1/2かけ分
　塩…小さじ1/2
　あらびき黒こしょう…少々
パセリのみじん切り…大さじ1

作り方

① ポリ袋にクリームチーズ、ツナ、A、パセリを入れてよくもむ。

148

冷凍野菜でマッハ快速！タイパベントーおかず

寝坊したってへっちゃら！冷凍野菜でケンコーも意識しちゃうのサ☆

カラフルツナマヨ

材料（作りやすい分量）
- 冷凍ブロッコリー…2個
- 冷凍ミックスベジタブル、ツナ缶（缶汁はきる）…各大さじ1
- マヨネーズ、塩…各適量

作り方
1. 耐熱アルミカップにブロッコリーとミックスベジタブルを入れる。ツナをのせかるく塩を振り、マヨネーズをかけてオーブントースターで4～5分焼く。

ピンチョス・チーズマメ

材料（作りやすい分量）
- 冷凍枝豆…15～18粒
- 粉チーズ…小さじ1/2

作り方
1. 枝豆はピックで5～6粒ずつ刺し、粉チーズをまぶす。

ポキポキいんげんのスリスリあえ

材料（作りやすい分量）
- 冷凍さやいんげん…50g
- めんつゆ（3倍希釈）、砂糖…各大さじ1/2
- すり白ごま…大さじ1

作り方
1. いんげんは手で折って食べやすい大きさにし、耐熱容器に入れてめんつゆを加える。
2. ラップはせずに電子レンジで1分加熱する。砂糖、ごまを加えてまぜる。

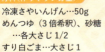

ホーチウインナ

材料（作りやすい分量）
- 冷凍ほうれんそう…50g
- 卵…1個（60g）
- 塩…ひとつまみ
- マヨネーズ…小さじ1
- ウインナソーセージ…1本

作り方
1. 耐熱容器に卵、塩、マヨネーズを入れてまぜ合わせたらほうれんそうを加える。
2. ソーセージをキッチンばさみで輪切りにしながら1に加える。
3. 2にふんわりとラップをかけ、電子レンジで1分加熱する。かきまぜて同様に40～50秒加熱する。

14時45分からはじめる
マッハ快速 タイパスイーツ

15分ありゃじゅうぶんさッ！ おやつだっておちゃのこサイサイ。
学校おわりのはらぺこキッズたちだって、大満足間違いなし

ピンキー・ベリー・トキメキ しらたま

白玉のピンクにときめきが隠せない！
ホンモノのいちごだから、甘酸っぱくてプチプチなんだよねぇ〜

材料（作りやすい分量）

白玉粉…80g
いちご…90g
あずき缶…適量

作り方

1. ポリ袋に白玉粉、いちごを入れ、全体がなめらかになるまでもむ。

2. 小鍋に湯を沸かし、1を一口大に丸めながら落とし入れる。浮き上がってきたらさらに1分加熱し、冷水にとる。器に盛ってあずきをかける。

10分で完成！

バキバキロックチョコ

⏱ **6分で完成！**

頑丈なチョコだから、ほっぺに刺さらないように要注意ダネッ！割って食べる作業は力がいるから、ちょっとした修行さッ

材料（作りやすい分量）

板チョコレート…50g
コーンフレーク…30g

作り方

1 ポリ袋にコーンフレークを入れ、袋の上からめん棒などで細かくなるまでたたく。

2 加熱用ポリ袋にチョコレートを割り入れ、袋の口を結んで湯せんしとかす。**1**を加えてまぜたら、平らにして冷蔵室で40分以上冷やす。好みの大きさに割る。

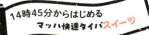

4分で完成!

ちかみちたまごむしパン

マグカップに生地を入れて、まぜまぜチーーンッ！ああ、こんな最短距離でふかふか蒸しパンができていいのだろうか！

材料（350mlの耐熱用カップ1杯分）

卵…1個（60g）
ホットケーキミックス
　…大さじ4（40g）
砂糖、牛乳…各大さじ1
サラダ油…小さじ1

作り方

1. 耐熱用カップに卵を割り落とし、残りの材料を入れてまぜる。
2. 粉けがなくなったらラップをかけずに、電子レンジで1〜2分加熱する。

ちかみちフォンダンショコラ

材料（350mlの耐熱用カップ1杯分）

ホットケーキミックス
　…大さじ3（30g）
ココアパウダー…小さじ1
卵…1個（60g）
砂糖、牛乳…各大さじ1
サラダ油…小さじ1
板チョコレート…10g

作り方

1. 耐熱用カップに板チョコ以外の材料を入れてよくまぜる。
2. 粉けがなくなったら板チョコを加え、ラップをかけずに電子レンジで1〜2分加熱する。

ズボッとスプーンを刺したなら、あつあつふかふか生地からとろ〜んとあらわれるチョコレート！これぞ極上の幸せなり！

4分で完成!

ほうじ茶かたくりわらび

何を隠そう、わらびもちを装うかたくり粉もちなのだ！しかしどう考えたってわらびもちだから、そう呼ばせていただくヨ

材料（作りやすい分量）

ほうじ茶…1.5カップ
かたくり粉…50g
砂糖…大さじ2
黒みつ…適量

10分で完成！

作り方

1. フライパンにほうじ茶を入れ、かたくり粉と砂糖を加えてまぜながら弱火で熱する。固まってきたら加熱用ポリ袋に移し、あら熱がとれたら袋の角を1カ所切って水をはったボウルに一口大に落とし入れる。

2. 水けをきって器に盛り、黒みつをかける。

まるごとミキャン大福

もちもちを超えた先にあるジューシィなミカン。おうちクオリティを超えちまっているよ！

材料（4個分）

みかん…4個　A（白玉粉…80g　砂糖…大さじ1）
市販のこしあん※…200g　かたくり粉…適量

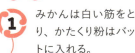

10分で完成！

作り方

1. みかんは白い筋をとり、かたくり粉はバットに入れる。

2. 耐熱容器にAを入れて水120mlを少しずつ加え、ゴムべらでつどまぜる。ふんわりとラップをし電子レンジで2分加熱し、とり出してまぜて同様に20～30秒加熱する。

3. 2をまぜ、1のバットの上にとり出してまぶす。1/4量を手にとりかるくのばし、あんの1/4量とみかん1個を順にのせて包む。残りも同様にする。

※こしあんはゆるければ耐熱容器に入れてラップをかけず電子レンジで2分ほど加熱し、水分をとばす。

ザクットチョコパン

パンにチョコをはさんで、バターを塗って焼いちまう！そりぁザクザクになるもんよう！朝ごはんでもわるくないね

材料（食パン2枚分）

食パン（8枚切り）…2枚
板チョコレート…30g
バター…10g

6分で完成！

作り方

1. バターは小さい耐熱容器に入れてラップをかけ、電子レンジで10〜20秒加熱する。

2. 食パンの耳はぐるりと一周つなげて切り落とす。板チョコをはさみ込み、表面に切り込みを3〜4カ所入れる。フォークで押さえつけるように端を閉じる。もう1枚も同様にする。

3. 2にバターを塗って、オーブントースターで焼き色がつくまで3〜4分焼く。

うずまきみみラスク

「カリサクジャリ！」
小さなうずまきに隠される食感のパレード。
外はザクッと中はとろ〜リッ。 あぁ口福ナリ！

材料（パンの耳2枚分）

上記「ザクットチョコパン」
　のパンの耳…2枚分
バター…10g
グラニュー糖…適量

作り方

1. バターは小さい耐熱容器に入れてラップをかけ、電子レンジで10〜20秒加熱する。

2. パンの耳をうずまき状に巻きつけ、つまようじでとめる。

3. 2の表面にバターを塗り、グラニュー糖を振る。オーブントースターで3〜4分焼く。

6分で完成！

14時45分からはじめる
マッハ快速タイパスイーツ

ねりねり きなこアメ

はちみつときなこをねりねり、ねりねり。きなこをまぶしてサッサッサッ。歯にくっつかないように気をつけて！

5分で完成！

材料（作りやすい分量）

はちみつ、きな粉…各50g

作り方

1 ポリ袋にはちみつときな粉を入れてよくもむ。なじんだら袋の中で棒状に成形する。

2 1をとり出してキッチンばさみなどで一口大に切る。別のポリ袋にきな粉適量（分量外）とともに入れて袋を振り、全体にまぶす。

ほろしゅわ 1分クッキー

5分で完成！

生地をまぜてころころころころ。あとは1分レンジでチーン！すんごく軽くて食べたことを忘れるくらいほろほろなんだ

材料（16個分）

A ｜ ホットケーキミックス…100g
　｜ 砂糖…大さじ1
　｜ サラダ油…大さじ2強
粉糖…適量

作り方

1. ポリ袋にAを入れてよくもみ、ひとまとめにする。16等分し、それぞれ丸めてクッキングシートを敷いた耐熱皿に並べる。

2. ラップをかけずに電子レンジで1分加熱し、冷めるまでそのままおく。ポリ袋に粉糖とともに入れ、まぶす。

著者　ほりえさちこ

料理家、栄養士。食育アドバイザー・ヨーグルトソムリエ・飾り巻き寿司インストラクターの資格も持つ。大学在学中に祐成陽子クッキングアートセミナーを受講し、卒業後にアシスタント、同校講師を経て独立。雑誌や企業の広告、自身の著書などで家庭料理、離乳食、おやつ、パンなど数多くのレシピを提案する。料理本大賞にノミネートされた『あと一品がすぐできる！おいしい副菜』(池田書店)や、近著には『6大栄養素がとれる かんたんパワーサラダ』(主婦と生活社)など多数出版。

Staff

デザイン	太田玄絵
撮影	佐山裕子(主婦の友社)
スタイリング	浜田恵子
イラスト	てぶくろ星人
調理アシスタント	いのうえ陽子　板井香保里　沓澤佐紀
DTP制作	伊大知桂子
編集・構成・文	山田萌絵
編集デスク	町野慶美(主婦の友社)
撮影協力	UTUWA

マッハ快速(かいそく)タイパめし

2025年5月10日　第1刷発行

著　者　ほりえさちこ
発行者　大宮敏靖
発行所　株式会社 主婦の友社
　　　　〒141-0021
　　　　東京都品川区上大崎3-1-1 目黒セントラルスクエア
　　　　電話　03-5280-7537(内容・不良品等のお問い合わせ)
　　　　　　　049-259-1236(販売)
印刷所　大日本印刷株式会社

ⓒSachiko Horie 2025　Printed in Japan　ISBN978-4-07-461511-7

R〈日本複製権センター委託出版物〉
本書を無断で複写複製(電子化を含む)することは、著作権法上の例外を除き、禁じられています。本書をコピーされる場合は、事前に公益社団法人日本複製権センター(JRRC)の許諾を受けてください。また本書を代行業者等の第三者に依頼してスキャンやデジタル化することは、たとえ個人や家庭内での利用であっても一切認められておりません。
JRRC〈https://jrrc.or.jp　eメール：jrrc_info@jrrc.or.jp　電話：03-6809-1281〉

■本のご注文は、お近くの書店または主婦の友社コールセンター(電話0120-916-892)まで。
＊お問い合わせ受付時間　月〜金(祝日を除く)　10:00〜16:00
＊個人のお客さまからのよくある質問のご案内 https://shufunotomo.co.jp/faq/